Impressum
Verlag: BABADADA GmbH, Nedderfeld 112 , 22529 Hamburg
Geschäftsführer / Verlagsleitung: Harald Hof
Druck: Books on Demand GmbH, In de Tarpen 42, 22848 Norderstedt

Imprint
Publisher: BABADADA GmbH, Nedderfeld 112 , 22529 Hamburg, Germany
Managing Director / Publishing direction: Harald Hof
Print: Books on Demand GmbH, In de Tarpen 42, 22848 Norderstedt, Germany

школа

בית ספר

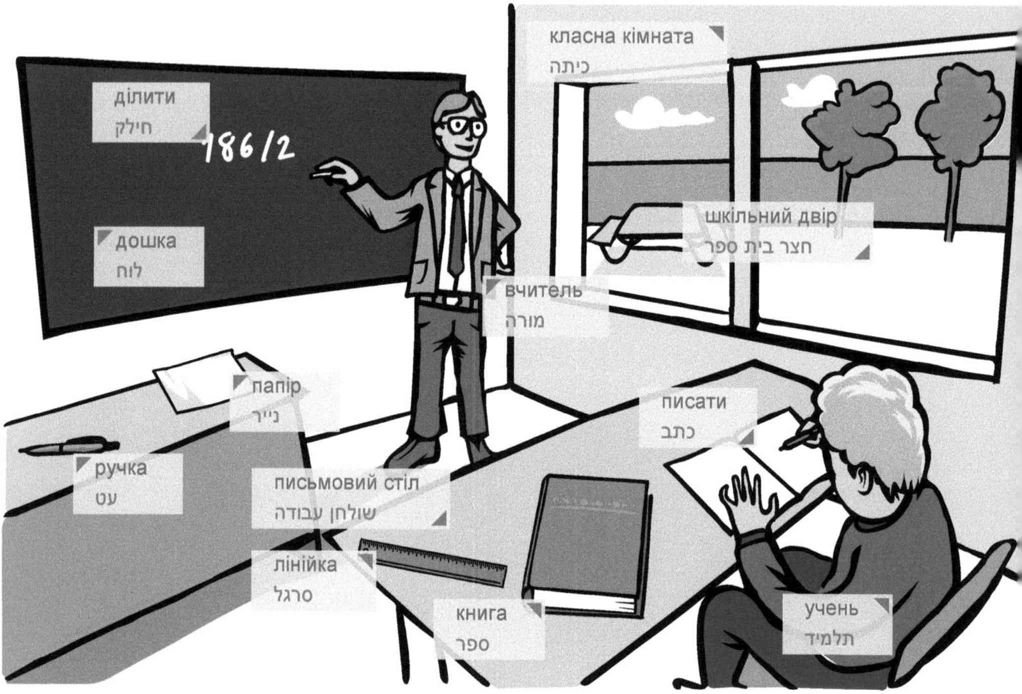
класна кімната
כיתה
ділити
חילק
186/2
дошка
לוח
шкільний двір
חצר בית ספר
вчитель
מורה
папір
נייר
писати
כתב
ручка
עט
письмовий стіл
שולחן עבודה
лінійка
סרגל
книга
ספר
учень
תלמיד

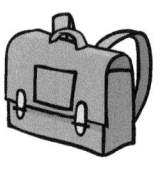

ранець

ילקוט

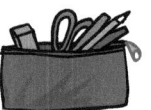

пенал

קלמר

олівець

עיפרון

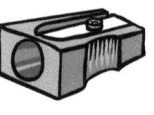

точило

מחדד

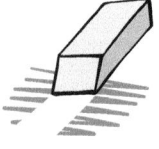

гумка

גומי מחיקה

альбом для малювання

חוברת סרטוט

малюнок

סרטוט

пензель

מברשת

коробка фарб

קופסת צבעים

ножиці

מספריים

клей

דבק

зошит

ספר תרגול

домашнє завдання

שיעור בית

число

מספר

додавати

חיבר

віднімати

חיסר

множити

הכפיל

рахувати

חישב

літера

אות

абетка

אלפבית

слово

מילה

текст

טקסט

читати

קרא

крейда

גיר

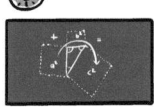

година

שיעור

класний журнал

יומן נוכחות

екзамен

מבחן

диплом

תעודה

шкільна форма

תלבושת בית ספר

освіта

חינוך

лексикон

אנציקלופדיה

університет

אוניברסיטה

мікроскоп

מיקרוסקופ

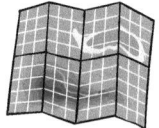

карта

מפה

кошик для паперу

סל נייר

подорож

נסיעה

готель
מלון
турбаза
הוסטל
ROOMS
обмінний пункт
המרת מטבע
CHANGE
валіза
מזוודה
автомобіль
אוטו

мова

שפה

так / ні

כן / לא

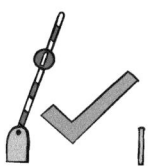

добре

בסדר

привіт

שלום

перекладач

מתרגם

дякую

תודה

Скільки коштує ...?

כמה עולה.....?

Я не розумію

אני לא מבין

проблема

בעיה

Добрий вечір!

ערב טוב!

Доброго ранку!

בוקר טוב!

На добраніч!

לילה טוב!

До побачення

להתראות

напрямок

כיוון

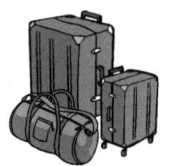

багаж

כבודה

сумка

תיק

рюкзак

תרמיל גב

гість

אורח

кімната

חדר

спальний мішок

שק שינה

намет

אוהל

туристична інформація

מרכז מידע לתיירים

пляж

חוף ים

кредитна картка

כרטיס אשראי

сніданок

ארוחת בוקר

обід

ארוחת צהריים

вечеря

ארוחת ערב

квиток

כרטיס

ліфт

מעלית

поштова марка

בול

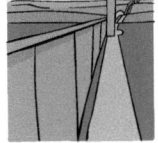

межа

גבול

митниця

מכס

посольство

שגרירות

віза

אשרה

паспорт

דרכון

транспорт

תחבורה

літак
מטוס
корабель
אונייה
пожежна машина
כבאית
автобус
אוטובוס
вантажний автомобіль
משאית
моторний човен
סירת מנוע
велосипед
אופניים
автомобіль
אוטו

пором

מעבורת

човен

סירה

мотоцикл

אופנוע

поліцейська машина

ניידת משטרה

гоночний автомобіль

מכונית מרוץ

автомобіль на прокат

רכב שכור

ільне користування авто

מכוניות בשיתוף

евакуатор

אוטו גרר

сміттєвоз

משאית זבל

двигун

מנוע

паливо

דלק

автозаправна станція

תחנת דלק

дорожній знак

תמרור

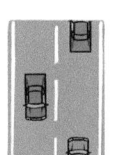

рух

תנועה

затор

פקק תנועה

стоянка

חניה

вокзал

תחנת רכבת

рейки

פסי רכבת

потяг

רכבת

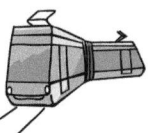

трамвай

רכבת קלה

вагон

קרון

гелікоптер

מסוק

аеропорт

שדה-תעופה

вежа

מגדל

пасажир

נוסע

контейнер

קונטיינר

коробка

קרטון

візок

עגלה

кошик

סל

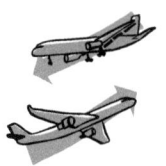

стартувати / приземлятися

המראה / נחיתה

місто

עיר

село

כפר

центр міста

מרכז העיר

дім

בית

10

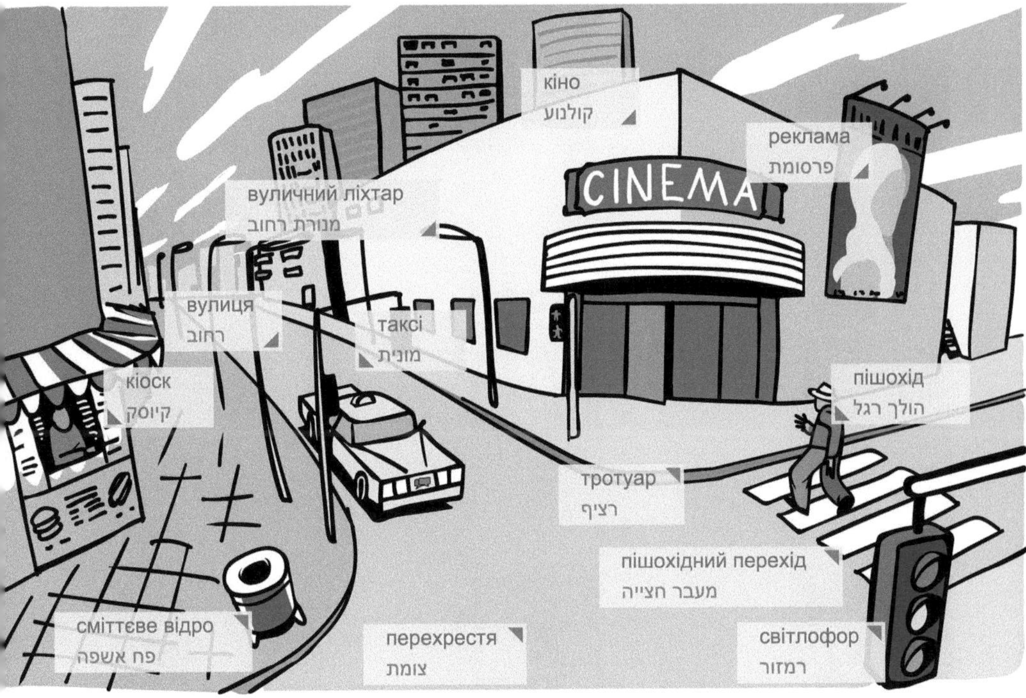

кіно / קולנוע

реклама / פרסומת

вуличний ліхтар / מנורת רחוב

вулиця / רחוב

таксі / מונית

кіоск / קיוסק

пішохід / הולך רגל

тротуар / רציף

пішохідний перехід / מעבר חצייה

світлофор / רמזור

сміттєве відро / פח אשפה

перехрестя / צומת

хатина

בקתה

квартира

דירה

вокзал

תחנת רכבת

ратуша

עירייה

музей

מוזיאון

школа

בית ספר

університет

אוניברסיטה

банк

בנק

лікарня

בית חולים

готель

מלון

аптека

בית מרקחת

офіс

משרד

книжковий магазин

חנות ספרים

магазин

חנות

квітковий магазин

חנות פרחים

супермаркет

סופרמרקט

ринок

שוק

універмаг

כל-בו

торговець рибою

מוכר דגים

торговельний центр

קניון

гавань

נמל

парк

פארק

лава

ספסל

міст

גשר

сходи

מדרגות

метро

רכבת תחתית

тунель

מנהרה

автобусна зупинка

תחנת אוטובוס

бар

בר

ресторан

מסעדה

поштова скринька

תא דואר

вулична табличка

שלט רחוב

лічильник паркування

מדחן

зоопарк

גן חיות

басейн

בריכת שחיה

мечеть

מסגד

ферма

חווה

забруднення
навколишнього
середовища

זיהום

кладовище

בית עלמין

церква

כנסייה

дитячий майданчик

מגרש משחקים

храм

בית מקדש

ландшафт

נוף

листок
עלה

вказівний стовп
תמרור

шлях
דרך

луг
מרעה

камінь
אבן

мандрівник
מטייל

дерево
עץ

річка
נהר

трава
דשא

квітка
פרח

долина

בקעה

гора

הר

озеро

אגם

ліс

יער

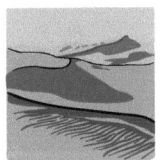

пустеля

מדבר

вулкан

הר געש

замок

טירה

веселка

קשת בענן

гриб

פטריה

пальма

דקל

комар

יתוש

муха

זבוב

мурашка

נמלה

бджола

דבורה

павук

עכביש

жук

חיפושית

жаба

צפרדע

вивірка

סנאי

їжак

קיפוד

заєць

ארנב

сова

ינשוף

птах

ציפור

лебідь

ברבור

кабан

חזיר בר

олень

צבי

лось

אייל הקורא

гребля

סכר

вітряк

טורבינת רוח

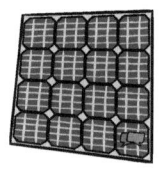

сонячний модуль

פנל סולארי

клімат

אקלים

ресторан

מסעדה

офіціант
מלצר
меню
תפריט
стілець
כסא
суп
מרק
піца
פיצה
столові прилади
סכו"ם
скатертина
מפת שולחן

закуска

מנת פתיחה

друга страва

מנה עיקרית

десерт

קינוח

напої

שתיות

їжа

אוכל

пляшка

בקבוק

фаст-фуд

מזון מהיר

вулична їжа

אוכל רחוב

чайник

קנקן תה

цукорниця

מסכרת

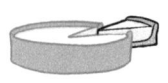

порція

מנה

еспресо-машина

מכונת אספרסו

високий стільчик

כסא תינוק

рахунок

חשבון

піднос

מגש

ніж

סכין

вилка

מזלג

ложка

כף

чайна ложка

כפית

серветка

מפית

склянка

כוס

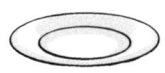

тарілка

צלחת

тарілка для супу

קערת מרק

блюдце

תחתית

соус

רוטב

солонка

מלחייה

млин для перцю

מטחנת פלפל

оцет

חומץ

масло

שמן

спеції

תבלינים

кетчуп

קטשופ

гірчиця

חרדל

майонез

מיונז

супермаркет

סופרמרקט

пропозиція
מבצע
клієнт
לקוח
молочні продукти
מוצרי חלב
фрукти
פירות
візок для покупок
עגלת קניות

м'ясний магазин

אטליז

пекарня

מאפייה

зважувати

שקל

овочі

ירקות

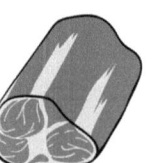

м'ясо

בשר

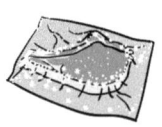

заморожені продукти

מזון קפוא

ковбасна нарізка

בשר קר

консерви

שימורים

пральний порошок

אבקת כביסה

солодощи

ממתקים

предмети домашнього побуту

מוצרי בית

мийний засіб

חומר ניקוי

продавщиця

מוכרת

каса

קופה

касир

קופאי

список покупок

רשימת קניות

часи роботи

שעות פתיחה

гаманець

ארנק

кредитна картка

כרטיס אשראי

сумка

תיק

поліетиленовий пакет

שקית נילון

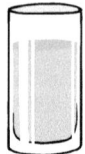

напої

שתיות

вода

מים

сік

מיץ

молоко

חלב

кола

קולה

вино

יין

пиво

בירה

алкоголь

אלכוהול

какао

קקאו

чай

תה

кава

קפה

еспресо

אספרסו

капучіно

קפוצ'ינו

банан

בננה

яблуко

תפוח

апельсин

תפוז

кавун

אבטיח

лимон

לימון

морква

גזר

часник

שום

бамбук

במבוק

цибуля

בצל

гриб

פטריות

горішки

אגוזים

локшина

אטריות

спагеті

ספגטי

рис

אורז

салат

סלט

картопля фрі

צ'יפס

смажена картопля

צ'יפס

піца

פיצה

гамбургер

המבורגר

бутерброд

כריך

шніцель

שניצל

шинка

שינקין

салямі

סלאמי

ковбаса

נקניקיה

курка

עוף

печеня

טיגון

риба

דג

вівсяні пластівці

שיבולת שועל

мюслі

מוזלי

кукурудзяні пластівці

קורנפלקס

борошно

קמח

круасан

קרואסון

булочка

לחמנייה

хліб

לחם

тостовий хліб

טוסט

печиво

עוגיות

масло

חמאה

сир

גבינה לבנה

пиріг

עוגה

яйце

ביצה

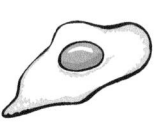

яєчня

ביצת עין

сир

גבינה

морозиво

גלידה

цукор

סוכר

мед

דבש

мармелад

ריבה

нуга-крем

ממרח נוגט

карі

קארי

ферма

חווה

сільський будинок
комора
אסם
солом'яні тюки
חבילת שחת
поле
שדה
кінь
סוס
причіп
עגלת נגרר
трактор
טרקטור
лоша
סייח
віслюк
חמור
вівця
כבש
ягня
טלה

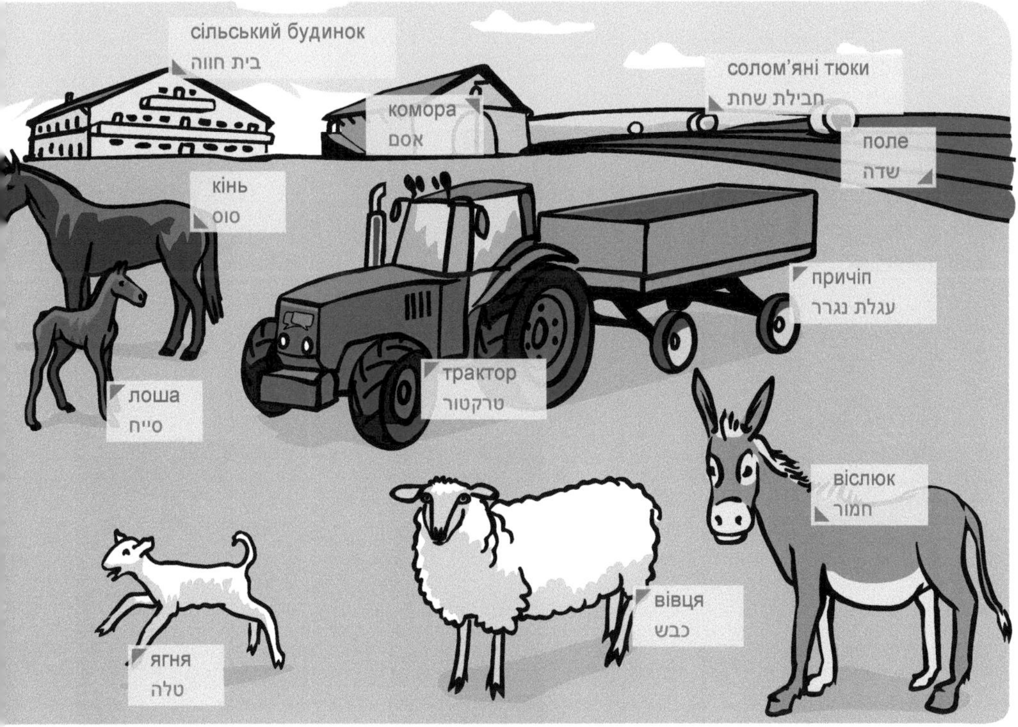

коза

עז

корова

פרה

теля

עגל

свиня

חזיר

порося

חזרזיר

бик

שור

гусак

אווז

качка

ברווז

курча

אפרוח

курка

תרנגולת

півень

תרנגול

щур

חולדה

кіт

חתול

миша

עכבר

віл

שור

собака

כלב

собача будка

מלונה

садовий шланг

צינור השקיה

лійка

קנקן מים

коса

חרמש

плуг

מחרשה

серп

מגל

мотика

מגרפה

вила

קלשון

сокира

גרזן

тачка

מריצה

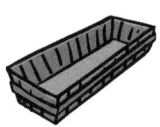

корито

שוקת

бідон молока

כד חלב

мішок

שק

паркан

גדר

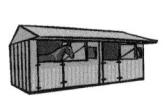

хлів

אורווה

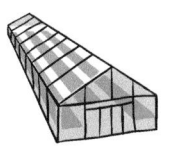

теплиця

חממה

ґрунт

אדמה

насіння

זרע

добриво

דשן

комбайн

מקצרה

пожинати

קצר

урожай

קציר

корінь ямсу

בטטה אפריקנית

пшениця

חיטה

соя

סויה

картопля

תפוח אדמה

кукурудза

תירס

ріпак

קנולה

плодове дерево

עץ פירות

маніок

קסבה

злаки

דגנים

димохід
ארובה
дах
גג
водостічний лоток
מרזב
вікно
חלון
гараж
מוסך
дзвінок
פעמון
двері
דלת
відро для сміття
פח אשפה
поштова скринька
תיבת מכתבים
сад
גינה

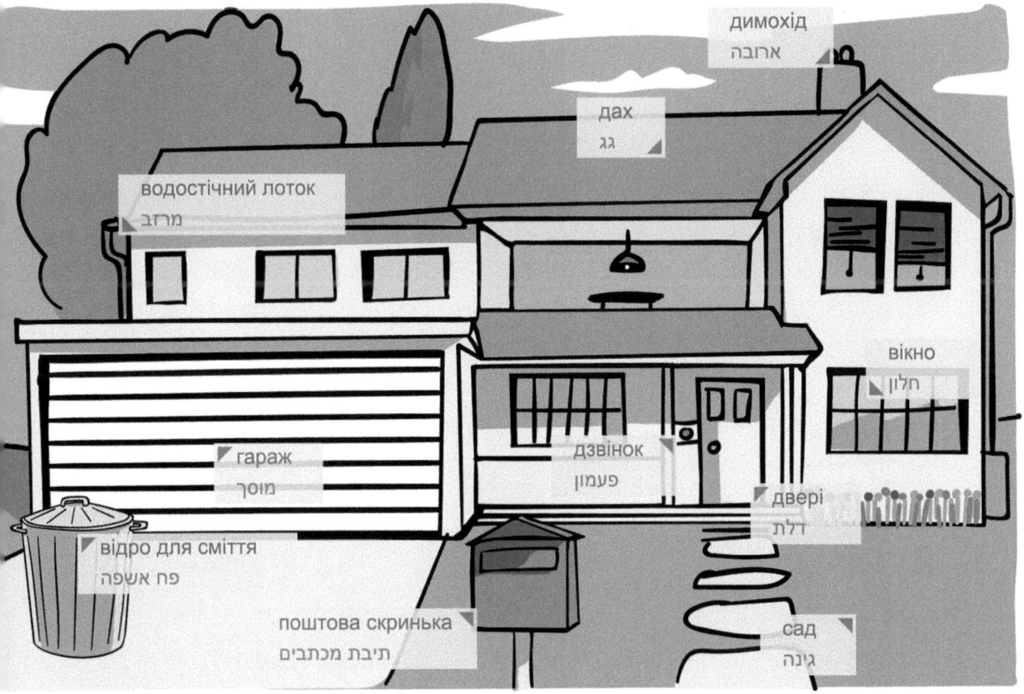

вітальня

סלון

ванна кімната

חדר אמבטיה

кухня

מטבח

спальня

חדר שינה

дитяча кімната

חדר ילדים

їдальня

חדר אוכל

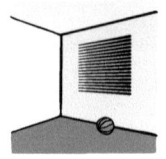

підлога

רצפה

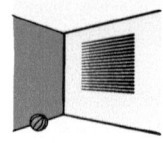

стіна

קיר

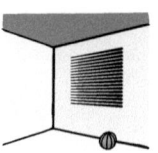

стеля

תקרה

підвал

מרתף

сауна

סאונה

балкон

מרפסת

тераса

מרפסת

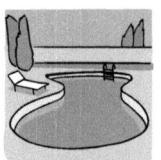

басейн

בריכה

косарка

מכסחת דשא

простирало

סדין

ковдра

כיסוי מיטה

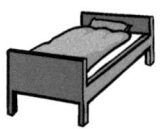

ліжко

מיטה

мітла

מטאטא

відро

דלי

перемикач

מפסק

вітальня

סלון

шпалери
טפט
малюнок
תמונה
лампа
מנורה
поличка
מדף
шафа
ארון
телевізор
טלוויזיה
камін
אח
квітка
פרח
подушка
כרית
диван
ספה
ваза
אגרטל
пульт
שלט רחוק

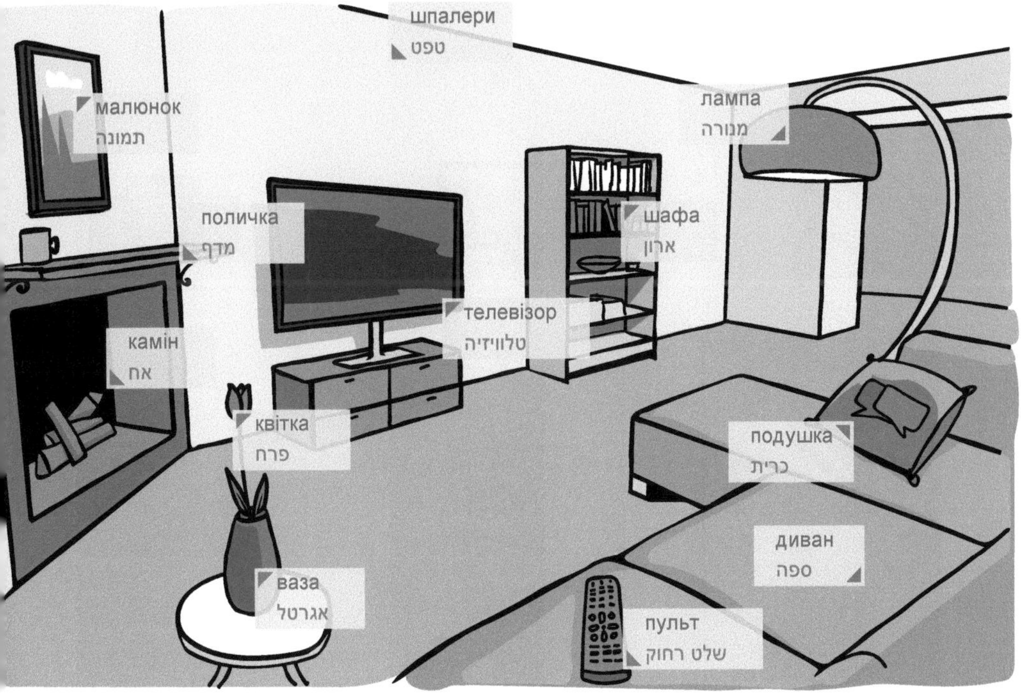

килим

שטיח

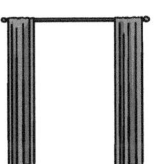

завіса

וילון

стіл

שולחן

стілець

כסא

крісло-гойдалка

כיסא נדנדה

крісло

כורסה

книга

ספר

ковдра

שמיכה

прикраса

דקורציה

дрова

עצי הסקה

фільм

סרט

стереосистема

מערכת סטריאו

ключ

מפתח

газета

עיתון

картина

ציור

плакат

פוסטר

радіо

רדיו

блокнот

מחברת

пилосос

שואב אבק

кактус

קקטוס

свічка

נר

кухня

מטבח

холодильник
מקרר
мікрохвильова піч
מיקרוגל
кухонні ваги
מאזני מטבח
тостер
טוסטר
мийний засіб
חומר ניקוי
піч
תנור
морозильне відділення
מקפיא
відро для сміття
פח אשפה
посудомийна машина
מדיח כלים

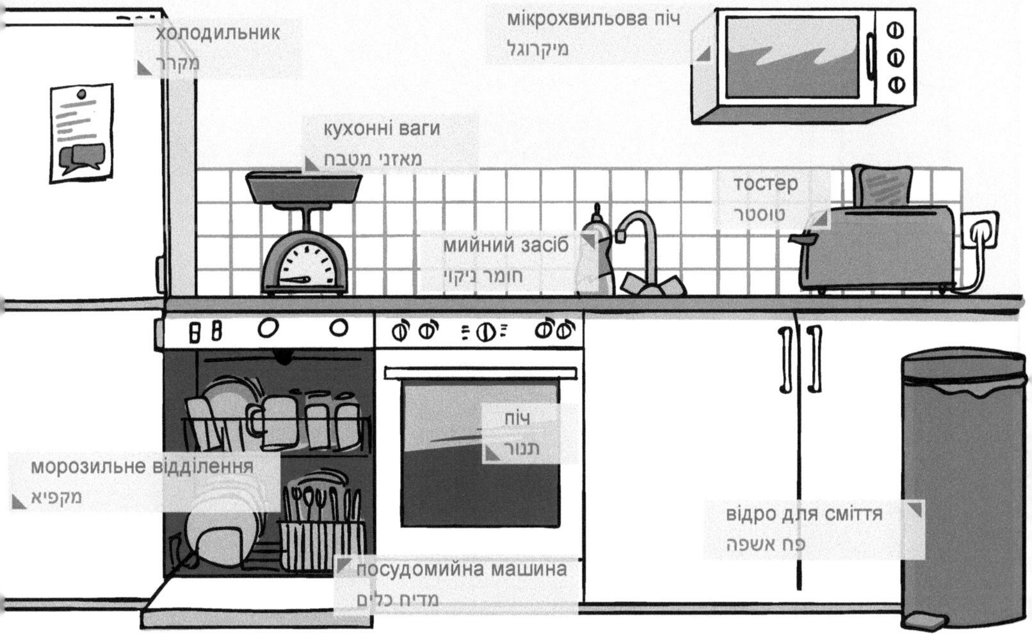

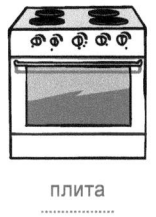

плита

תנור

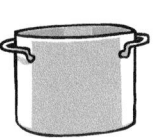

горщик

סיר

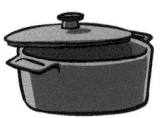

чавунний горщик

סיר ברזל

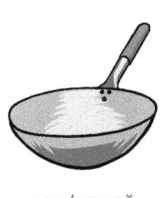

вок / кадай

ווק

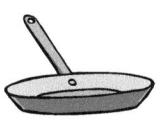

сковорода

מחבת

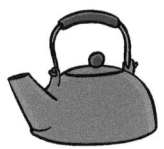

чайник

קומקום חשמלי

пароварка

מאדה

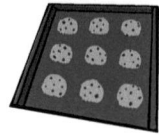

лист

מגש אפייה

посуд

כלי אוכל

кухоль

ספל

чаша

קערה

палички для їжі

צ'ופסטיקס

черпак

מצקת

лопатка

מרית

вінчик для збивання

מטרפה

сито

מסננת בישול

сито

מסננת

терка

מגרדת

ступка

מכתש

барбекю

גריל

багаття

מדורה

дошка

קרש חיתוך

качалка

מערוך

штопор

פותחן פקקים

конзерва

פחית

відкривачка

פותחן קופסאות

прихватки

מטלית

раковина

כיור

щітка

מברשת

губка

ספוג

міксер

בלנדר

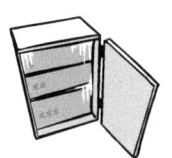

морозильна камера

מקפיא

дитяча пляшка

בקבוק לתינוק

кран

ברז

ванна кімната

חדר אמבטיה

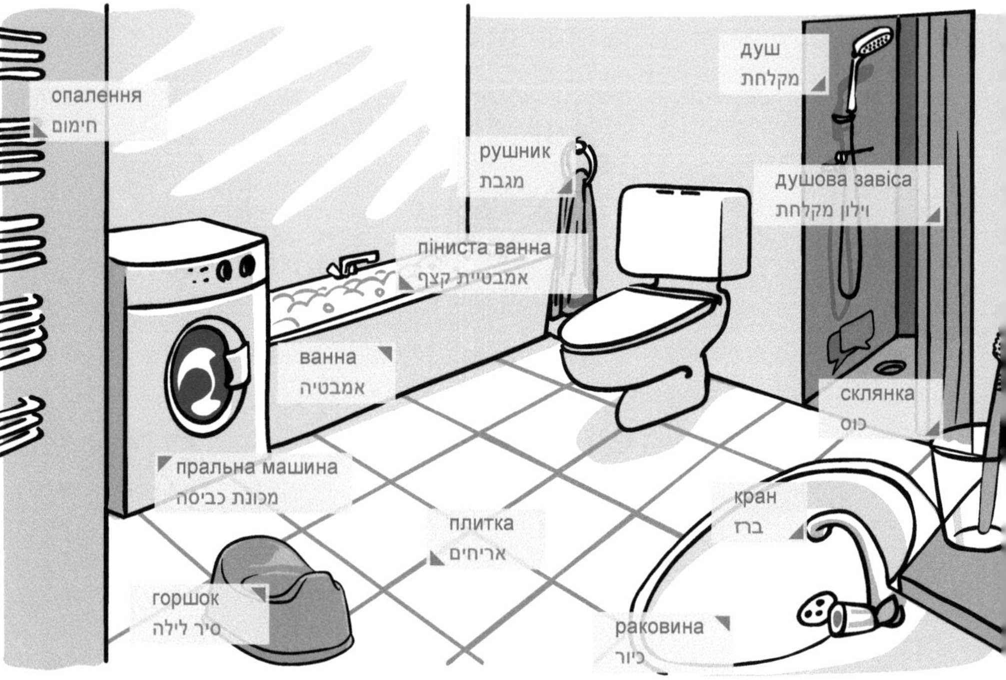

опалення
חימום
рушник
מגבת
душ
מקלחת
душова завіса
וילון מקלחת
піниста ванна
אמבטיית קצף
ванна
אמבטיה
склянка
כוס
пральна машина
מכונת כביסה
кран
ברז
плитка
אריחים
горшок
סיר לילה
раковина
כיור

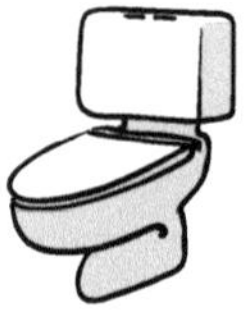

туалет

אסלה

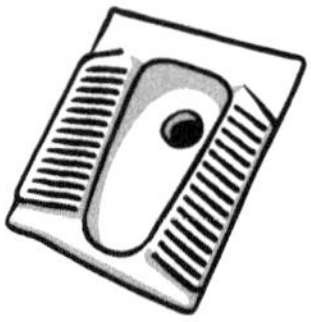

підлоговий туалет

אסלת כריעה

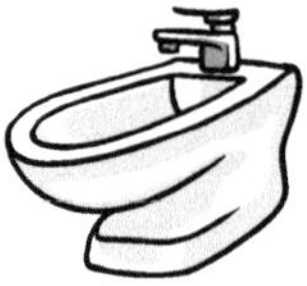

біде

בידה

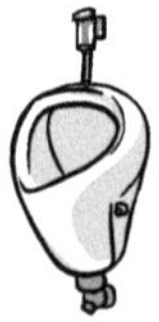

пісуар

משתנה

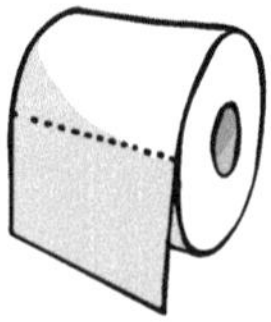

туалетний папір

נייר טואלט

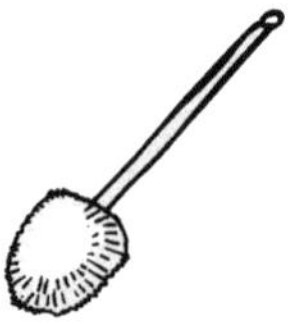

щітка для туалету

מברשת אסלה

зубна щітка

מברשת שיניים

зубна паста

משחת שיניים

нитка для чищення зубів

חוט דנטלי

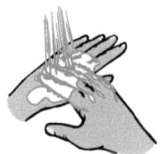

мити

שטף

ручний душ

מקלחת יד

інтимний душ

צינור שטיפה לשירותים

таз

קערת רחצה

щітка для спини

מברשת גב

мило

סבון

гель для душу

ג'ל רחצה

шампунь

שמפו

мочалка

ליפה

водостік

ניקוז

крем

קרם

дезодорант

דיאודורנט

дзеркало

מראה

косметичне дзеркало

מראת יד

бритва

סכין גילוח

піна для гоління

קצף גילוח

лосьйон після гоління

אפטרשייב

гребінь

מסרק

щітка

מברשת

фен

מייבש שיעור

лак для волосся

ספריי לשיער

косметика

איפור

губна помада

שפתון

лак для нігтів

לק

вата

צמר גפן

ножиці для нігтів

מספריים לציפורניים

парфум

בושם

косметичка

תיק כלי רחצה

табурет

שרפרף

ваги

משקל

халат

חלוק רחצה

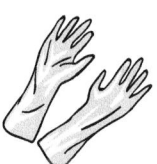

гумові рукавички

כפפות גומי

тампон

טמפון

гігієнічні прокладки

תחבושת סניטרית

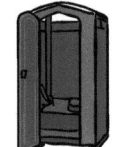

біотуалет

שירותים כימיקליים

дитяча кімната

חדר ילדים

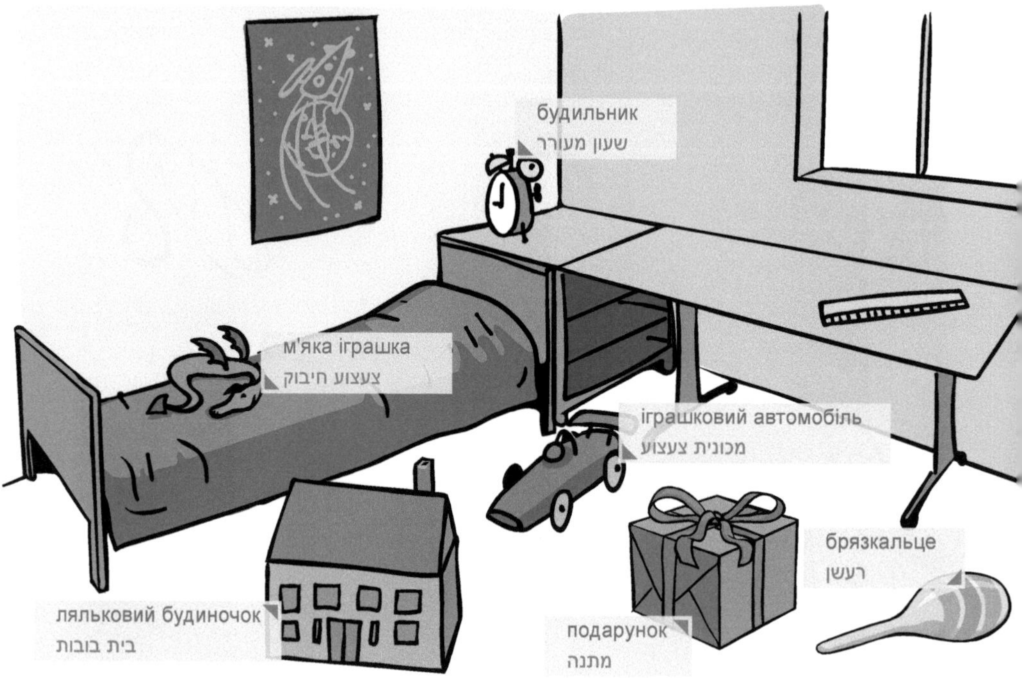

будильник
שעון מעורר
м'яка іграшка
צעצוע חיבוק
іграшковий автомобіль
מכונית צעצוע
брязкальце
רעשן
ляльковий будиночок
בית בובות
подарунок
מתנה

повітряна кулька

בלון

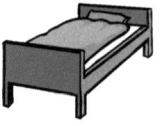

ліжко

מיטה

дитячий візок

עגלה

картярська гра

משחק קלפים

пазл

פאזל

комікс

קומיקס

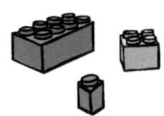

лего цеглинки

לגו

блоки

קוביות משחק

іграшкова фігурка

דמות משחק

повзунки

סרבל תינוקות

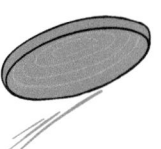

фризбі

פריזבי

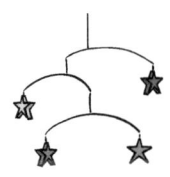

мобіле

נייד

настільна гра

משחק לוח

кубик

קוביה

модель залізнична станція

רכבת צעצוע

соска

מוצץ

вечірка

מסיבה

книжка з картинками

אלבום תמונות

м'яч

כדור

лялька

בובה

грати

שיחק

пісочниця

ארגז חול

гойдалка

נדנדה

іграшка

צעצועים

гральна консоль

קונסולת משחקים

триколісний велосипед

אופניים תלת גלגלי

плюшевий мішка

דובון

шафа

ארון בגדים

ОДЯГ

בגדים

шкарпетки

גרביים

панчохи

גרביונים

колготки

גרביון

шарф
צעיף

парасоля
מטריה

футболка
חולצת טי

ремінь
חגורה

чоботи
מגפיים

кросівки
נעלי ספורט

домашнє взуття
נעלי בית

сандалі

סנדלים

взуття

נעליים

гумові чоботи

מגפי גומי

труси

תחתונים

бюстгальтер

חזייה

нижня сорочка

וסט

боді

גוף

штани

מכנסיים

джинси

ג'ינס

спідниця

חצאית

блузка

חולצה מכופתרת

сорочка

חולצה

пуловер

אפודה

светр

סווצ'ר עם קפוצ'ון

піджак

בלייזר

куртка

ז'קט

пальто

מעיל

дощовик

מעיל גשם

костюм

תלבושת

сукня

שמלה

весільна сукня

שמלת כלה

костюм

חליפה

нічна сорочка

כותונת לילה

піжама

פיג'מה

сарі

סארי

головна хустка

מטפחת ראש

чалма

טורבן

бурка

בורקה

кафтан

קאפטן

абая

עבאיה

купальник

בגד ים

плавки

בגד ים

шорти

מכנסיים קצרים

тренувальний костюм

בגד אימון

фартух

סינר

рукавички

כפפות

гудзик

כפתור

окуляри

משקפיים

браслет

צמיד יד

ланцюг

שרשרת

кільце

טבעת

сережка

עגיל

шапка

כובע

плічка

קולב

капелюх

כובע

краватка

עניבה

застібка-блискавка

רוכסן

шолом

קסדה

підтяжки

כתפיות

шкільна форма

תלבושת בית ספר

уніформа

מדים

нагрудник

מפית אוכל

соска

מוצץ

підгузок

חיתול

офіс

משרד

сервер
שרת
шаф для документів
תיקייה
принтер
מדפסת
папір
נייר
монітор
מסך
миша
עכבר
письмовий стіл
שולחן עבודה
папка
תיק
синтезатор
מקלדת
стілець
כסא
кошик для паперу
סל נייר
комп'ютер
מחשב

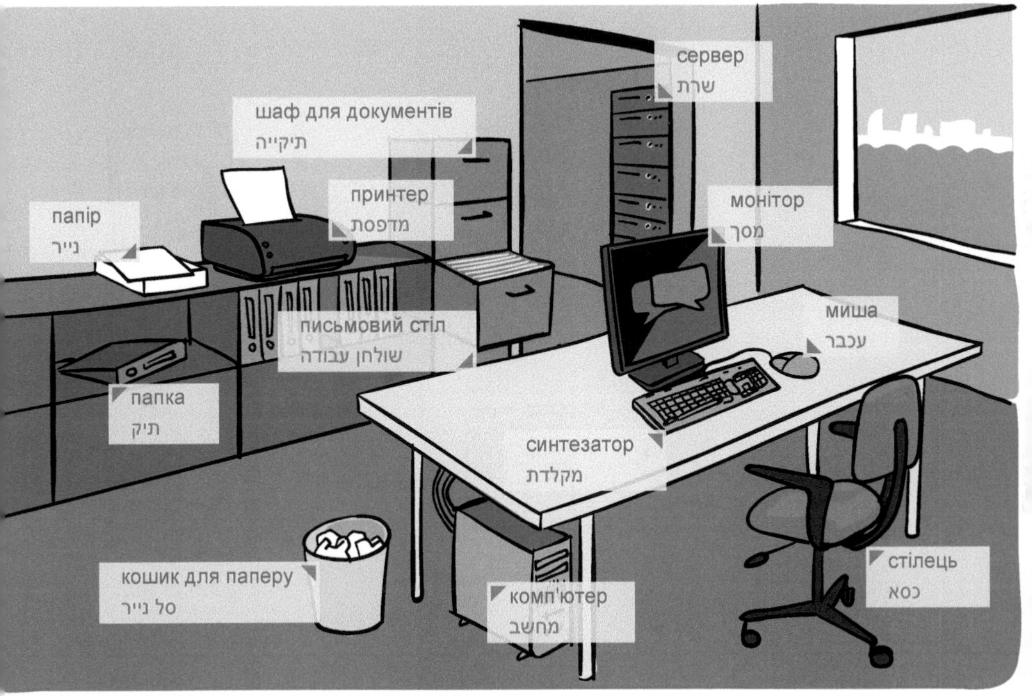

кавовий кухоль

ספל קפה

калькулятор

מחשבון

інтернет

אינטרנט

ноутбук

מחשב נייד

лист

מכתב

повідомлення

הודעה

мобільний телефон

נייד

мережа

רשת

копіювальний пристрій

מכונת צילום

програмне забезпечення

תוכנה

телефон

טלפון

розетка

שקע

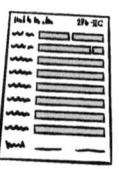

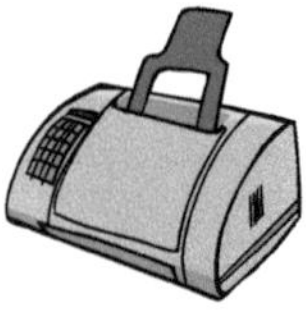

факс

פקס

бланк

טופס

документ

מסמך

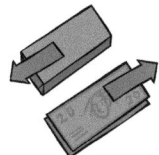

купувати

קנה

платити

שילם

торгувати

סחר

гроші

כסף

долар

דולר

євро

יורו

ієна

ין

рубль

רובל

франк

פרנק שווייצרי

юанів женьміньбі

יואן רנמינבי

рупія

רופי

банкомат

כספומט

обмінний пункт

המרת מטבע

золото

זהב

срібло

כסף

нафта

נפט

енергія

אנרגיה

ціна

מחיר

контракт

חוזה

податок

מס

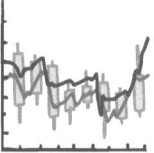

акція

מנייה

працювати

עבד

працівник

עובד

роботодавець

מעסיק

фабрика

מפעל

магазин

חנות

поліцейський
שוטר

пожежник
כבאי

пілот
טייס

лікар
רופא

повар
טבח

садівник

גנן

столяр

נגר

швачка

תופרת

суддя

שופט

хімік

כימאי

актор

שחקן

водій автобуса

נהג אוטובוס

таксист

נהג מונית

рибалка

דייג

прибиральниця

עובדת נקיון

покрівельник

מתקן גגות

офіціант

מלצר

мисливець

צייד

художник

צייר

пекар

אופה

електрик

חשמלאי

будівельник

עובד בניין

інженер

מהנדס

забійник

קצב

бляхар

אינסטלטור

листоноша

דוור

солдат

חייל

архітектор

אדריכל

касир

קופאי

флорист

מוכר פרחים

перукар

ספר

кондуктор

כרטיסן

механік

מכונאי

капітан

קברניט

дантист

רופא שיניים

вчений

מדען

рабин

רב

імам

אימאם

монах

נזיר

пастор

כומר

інструменти
כלי עבודה

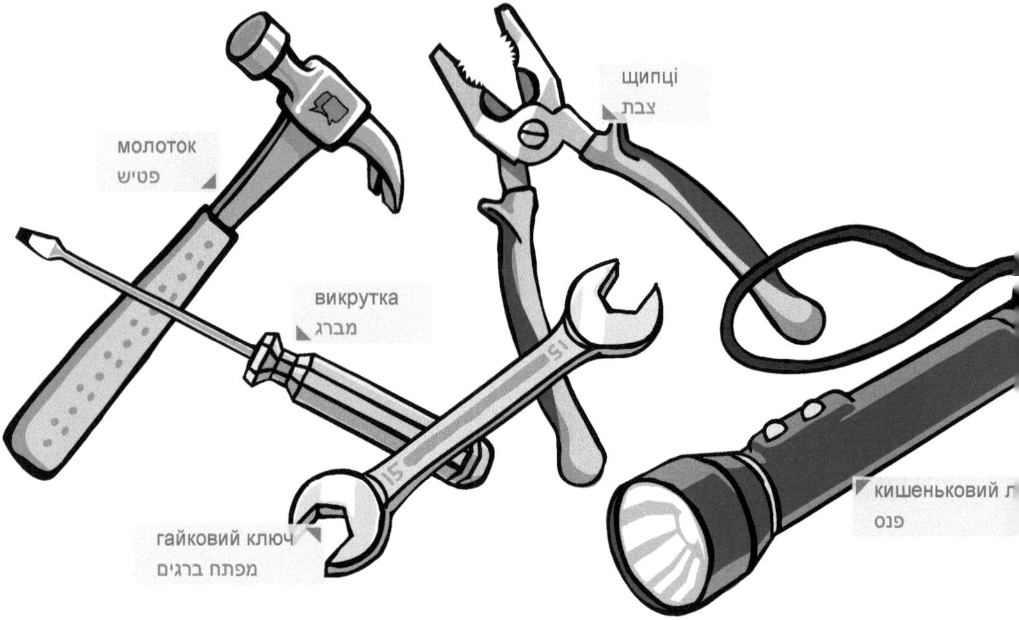
щипці
צבת
молоток
פטיש
викрутка
מברג
кишеньковий
פנס
гайковий ключ
מפתח ברגים

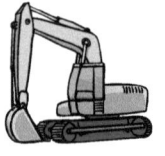

екскаватор

דחפור

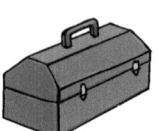

ящик для інструментів

ארגז כלים

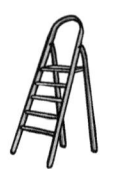

драбина

סולם

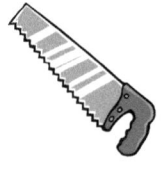

пилка

מסור

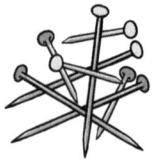

цвяхи

מסמרים

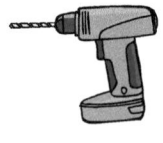

свердло

מקדחה

ремонтувати

תיקון

лопата

את חפירה

лайно!

לעזאזל!

совок

יעה

відро з фарбою

פח צבע

гвинти

ברגים

музичні інструменти

כלי נגינה

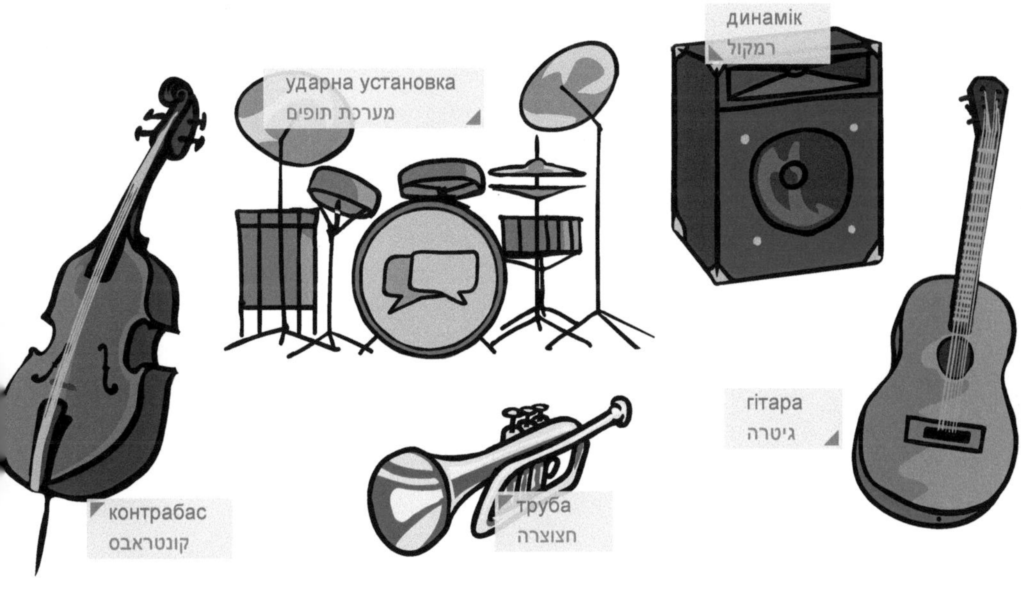

ударна установка

מערכת תופים

динамік

רמקול

гітара

גיטרה

контрабас

קונטראבאס

труба

חצוצרה

фортепіано

פסנתר

скрипка

כינור

бас

בס

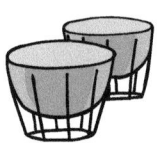

литаври

תוף הדוד

барабан

תופים

клавіатура

מקלדת פסנתר

саксофон

סקסופון

флейта

חליל

мікрофон

מיקרופון

зоопарк

גן חיות

вхід
כניסה
тигр
נמר
клітка
כלוב
зебра
זברה
корм
מזון לחיות
панда
פנדה

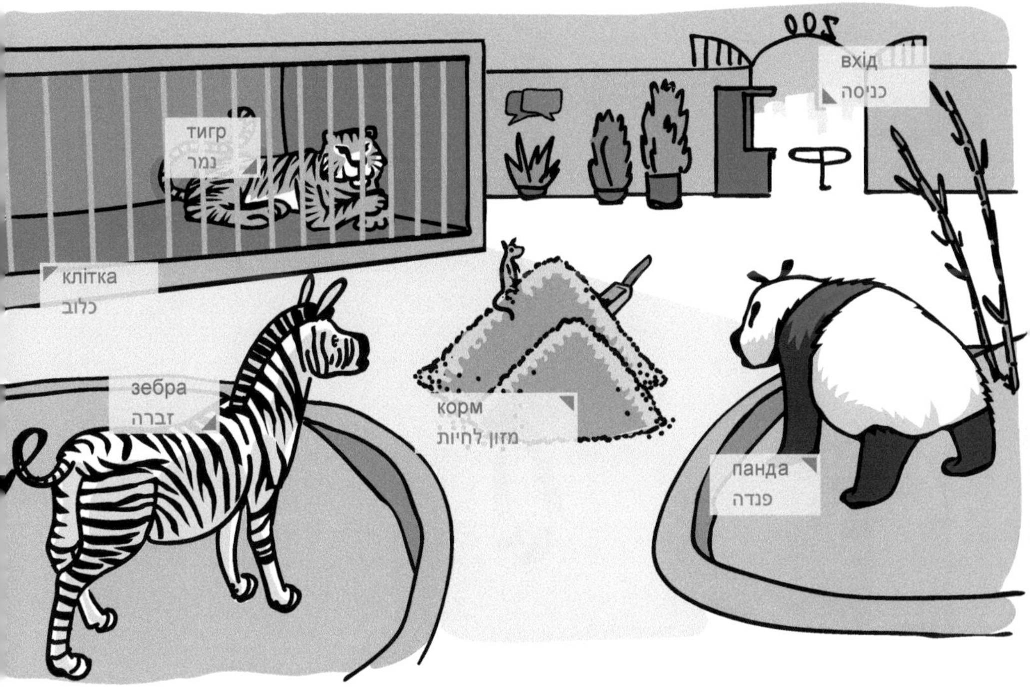

тварини

בעלי חיים

слон

פיל

кенгуру

קנגרו

носоріг

קרנף

горила

גורילה

ведмідь

דוב

верблюд

גמל

страус

יען

лев

אריה

мавпа

קוף

фламінго

פלמינגו

папуга

תוכי

білий ведмідь

דוב הקרח

пінгвін

פינגווין

акула

כריש

павич

טווס

змія

נחש

крокодил

תנין

працівник зоопарку

שומר גן החיות

тюлень

כלב ים

ягуар

יגואר

поні

סוס פוני

леопард

לאופרד

гіпопотам

היפופוטאם

жираф

ג'ירפה

орел

נשר

кабан

חזיר בר

риба

דג

черепаха

צב

морж

סוס ים

лисиця

שועל

газель

איילה

спорт
ספורט

американський футбол
פוטבול אמריקאי
їзда на велосипеді
רכיבת אופניים
теніс
טניס
баскетбол
כדורסל
плавання
שחיה
бокс
אגרוף
хокей
הוקי

футбол
כדורגל

бадмінтон
בדמינטון

легка атлетика
אתלטיקה

гандбол
כדור-יד

лижні перегони
עשה סקי

поло
פולו

дії

פעילויות

сміятися
צחק
стрибати
קפץ
обіймати
חיבק
йти
הלך
співати
שר
мріяти
חלם
молитися
התפלל
цілувати
נשק

писати

כתב

малювати

צייר

показувати

הראה

тиснути

דחף

давати

נתן

брати

לקח

мати

יש / להיות הבעלים

робити

עשה

бути

היה

стояти

עמד

бігати

רץ

тягнути

משך

кидати

זרק

падати

נפל

лежати

שכב

очікувати

חיכה

носити

סחב

сидіти

ישב

одягати

התלבש

спати

ישן

просипатися

התעורר

дивитися

הסתכל ב-

плакати

בכה

гладити

ליטף

розчісувати

סירק

розмовляти

דיבר

розуміти

הבין

питати

שאל

слухати

שמע

пити

שתה

їсти

אכל

прибирати

סידר

любити

אהב

варити

בישל

їхати

נהג

літати

עף

йти під вітрилом

שט

рахувати

חישב

читати

קרא

вчитися

למד

працювати

עבד

одружуватися

התחתן

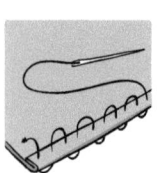

шити

תפר

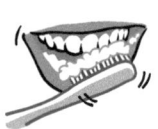

чистити зуби

ציחצח שיניים

убивати

הרג

курити

עישן

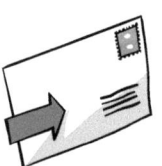

посилати

שלח

сім'я
משפחה

бабуся
סבתא
дідуся
סבא
батько
אבא
мати
אימא
немовля
תינוק
донька
בת
син
בן

гість

אורח

тітка

דודה

дядько

דוד

брат

אח

сестра

אחות

тіло

גוף

чоло
מצח
око
עין
плече
כתף
палець
אצבע
обличчя
פנים
підборіддя
סנטר
кисть
כף יד
груди
חזה
нога
רגל
рука
זרוע

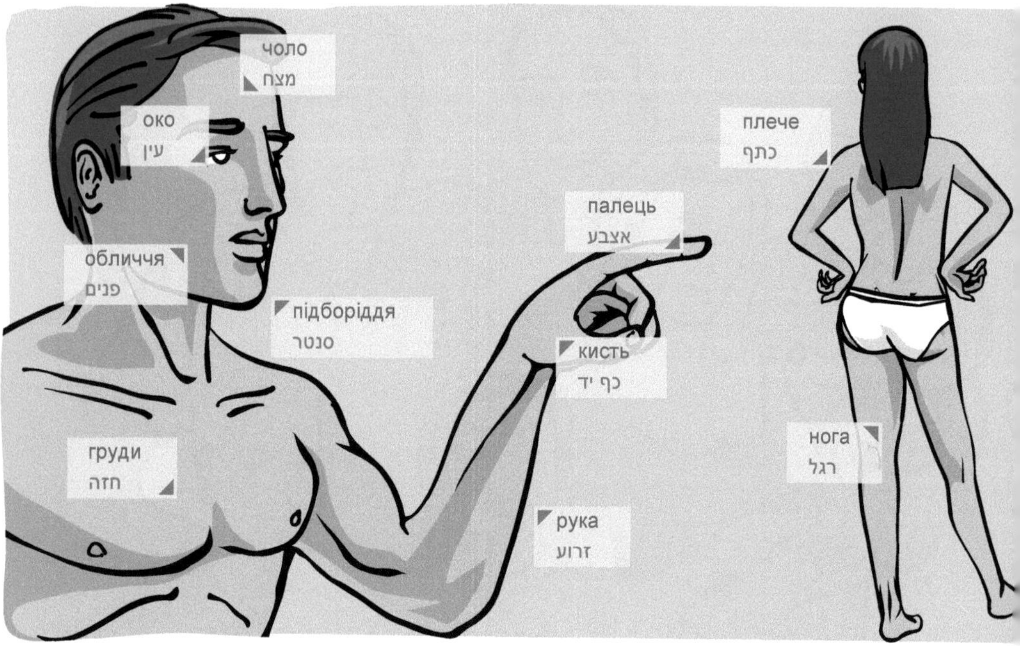

немовля

תינוק

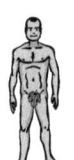

чоловік

איש

жінка

אישה

дівчина

ילדה

хлопчик

ילד

голова

ראש

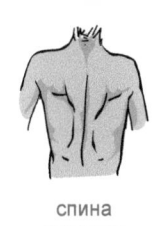

спина

גב

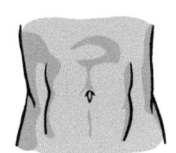

живіт

בטן

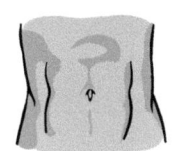

пуп

טבור

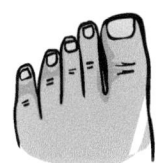

палець ноги

אצבע

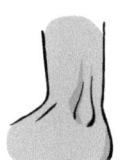

п'ята

עקב

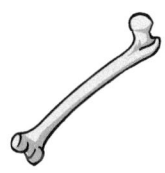

кістка

עצם

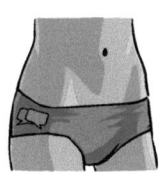

стегно

ירך

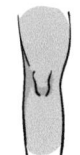

коліно

ברך

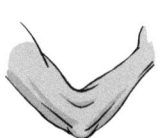

лікоть

מרפק

ніс

אף

сідниці

עכוז

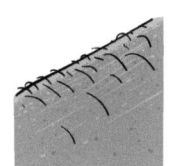

шкіра

עור

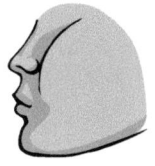

щока

לחי

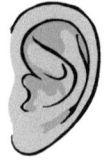

вухо

אוזן

губа

שפתיים

рот

פה

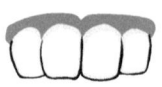

зуб

שן

язик

לשון

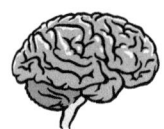

мозок

מוח

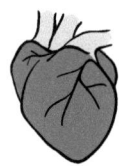

серце

לב

м'яз

שריר

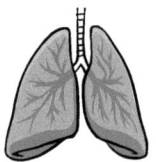

легені

ריאה

печінка

כבד

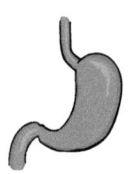

шлунок

קיבה

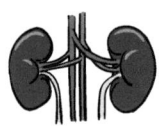

нирки

כליות

статевий акт

מין

презерватив

קונדום

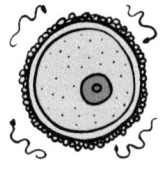

яйцеклітина

ביצית

сперма

זרע

вагітність

הריון

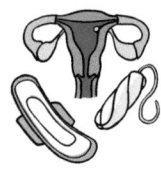

менструація

וסת

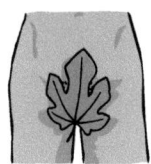

вагіна

נרתיק

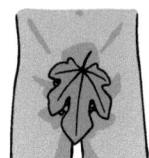

пеніс

פין

брова

גבה

волосся

שיער

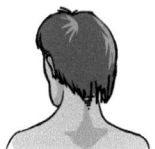

шия

צוואר

лікарня
בית חולים

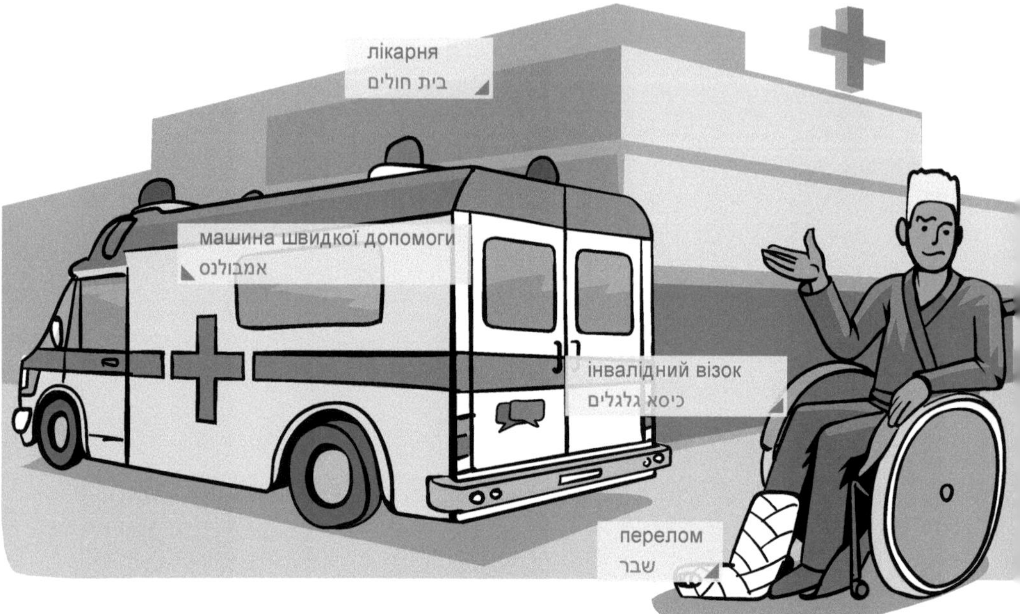

лікарня
בית חולים
машина швидкої допомоги
אמבולנס
інвалідний візок
כיסא גלגלים
перелом
שבר

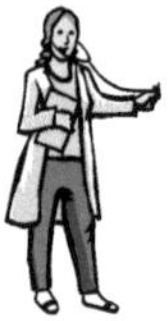

лікар

רופא

відділення швидкої медичної допомоги

חדר מיון

медсестра

אחות

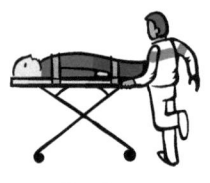

аварійний випадок

חירום

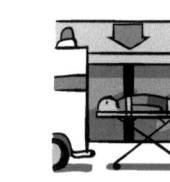

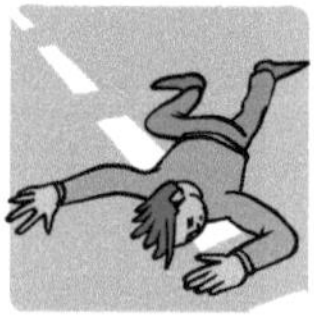

непритомний

חסר הכרה

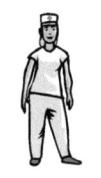

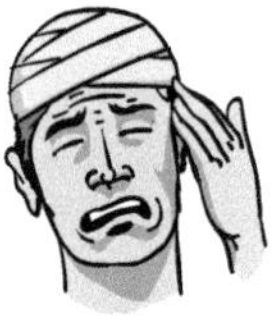

біль

כאב

травма

פציעה

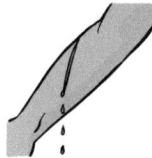

кровотеча

דימום

інфаркт

התקף לב

інсульт

שבץ

алергія

אלרגיה

кашель

שיעול

лихоманка

חום

грип

שפעת

пронос

שלשול

головна біль

כאב ראש

рак

סרטן

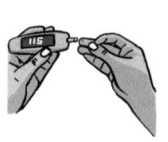

діабет

סוכרת

хірург

מנתח

скальпель

אזמל

операція

ניתוח

КТ

סי-טי

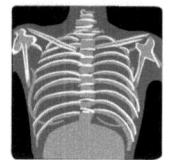

рентген

רנטגן

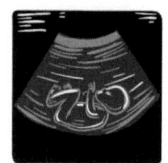

ультразвук

אולטרסאונד

маска

מסיכת פנים

хвороба

מחלה

зал очікування

חדר המתנה

милиця

קבה

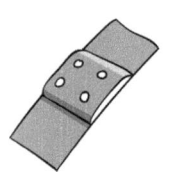

пластир

פלסטר

пов’язка

תחבושת

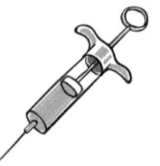

ін'єкція

זריקה

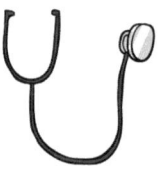

стетоскоп

סטטוסקופ

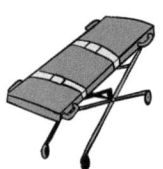

ноші

אלונקה

термометр

מד חום

народження

לידה

надмірна вага

עודף משקל

слуховий апарат

מכשיר שמיעה

дезінфікуючий засіб

מחטא

інфекція

זיהום

вірус

נגיף

ВІЛ / СНІД

איידס

медицина

תרופה

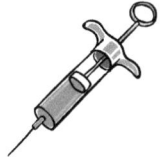

вакцинація

חיסון

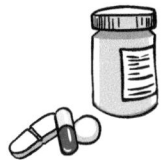

таблетки

טבליות

протизаплідна пігулка

גלולה

екстрений виклик

קריאת חירום

тонометр

מד לחץ דם

хворий / здоровий

חולה / בריא

аварійний випадок

חירום

Допоможіть!

הצילו!

сигнал тривоги

אזעקה

напад

פשיטה

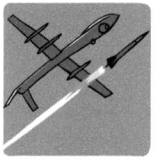

атака

תקיפה

небезпека

סכנה

аварійний вихід

יציאת חירום

Вогонь!

אש!

вогнегасник

מטף כיבוי

аварія

תאונה

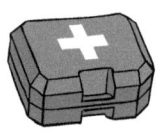

аптечка

ערכת עזרה ראשונה

СОС

הצילו!

поліція

משטרה

Європа

אירופה

Північна Америка

צפון אמריקה

Південна Америка

דרום אמריקה

Африка

אפריקה

Азія

אסיה

Австралія

אוסטרליה

Атлантика

האוקיינוס האטלנטי

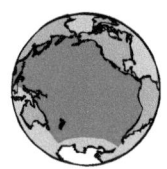

Тихий океан

האוקיינוס השקט

Індійський океан

האוקיינוס ההודי

Антарктичний океан

האוקיינוס האנטרקטי

Північний Льодовитий океан

האוקיינוס הארקטי

Північний полюс

הקוטב הצפוני

Південний полюс

הקוטב הדרומי

Антарктика

אנטארקטיקה

Земля

כדור הארץ

суша

אדמה

море

ים

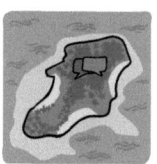

острів

אי

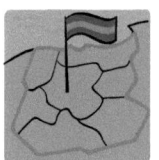

нація

לאום

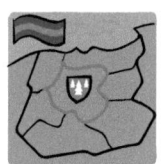

держава

מדינה

годинник

שעון

циферблат

פני השעון

годинникова стрілка

מחוג השעות

хвилинна стрілка

מחוג הדקות

секундна стрілка

מחוג השניות

Котра година?

מה השעה?

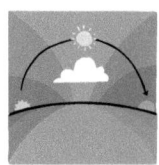

день

יום

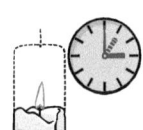

час

זמן

зараз

עכשיו

цифровий годинник

שעון דיגיטלי

хвилина

דקה

година

שעה

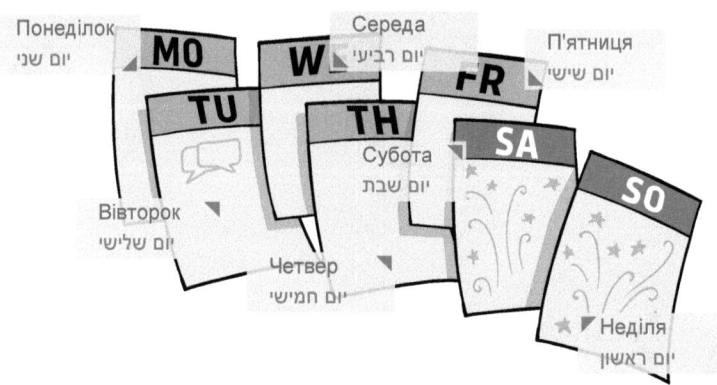

тиждень

שבוע

Понеділок
יום שני
Вівторок
יום שלישי
Середа
יום רביעי
Четвер
יום חמישי
П'ятниця
יום שישי
Субота
יום שבת
Неділя
יום ראשון

вчора

אתמול

сьогодні

היום

завтра

מחר

ранок

בוקר

опівдні

צהריים

вечір

ערב

робочі дні

ימי עבודה

кінець робочого тижня

סוף שבוע

рік

שנה

дощ
גשם
веселка
קשת בענן
вітер
רוח
сніг
שלג
весна
אביב
осінь
סתיו
літо
קיץ
зима
חורף

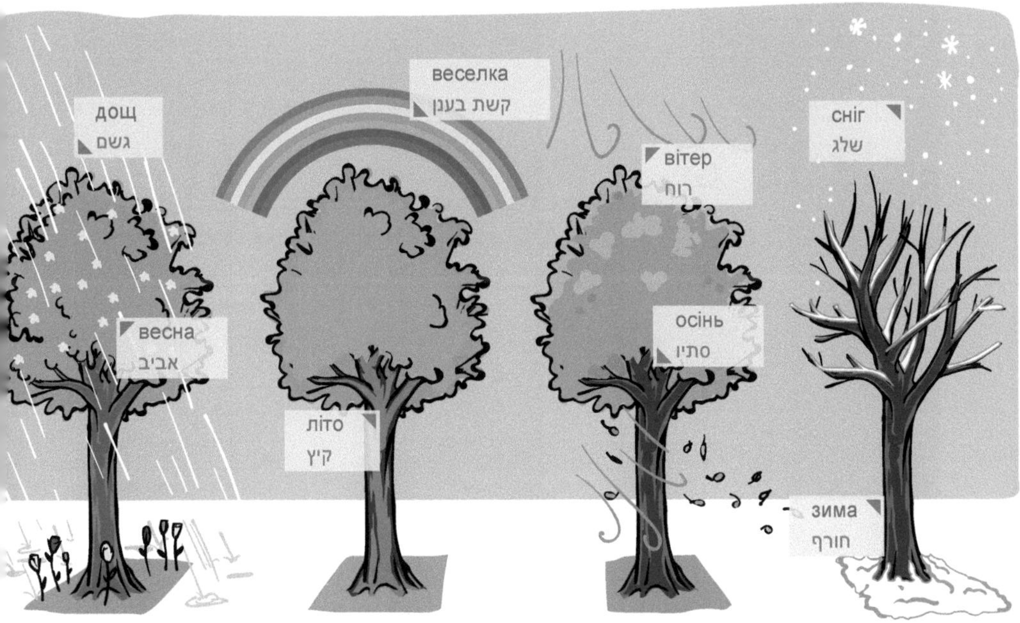

прогноз погоди

תחזית מזג האוויר

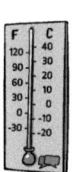

термометр

מד חום

сонячне світло

אור שמש

хмара

ענן

туман

ערפל

вологість повітря

לחות

блискавка

ברק

грім

רעם

шторм

סערה

град

ברד

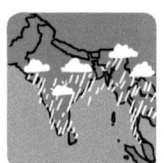

мусон

רוח עונתי

повінь

שיטפון

лід

קרח

Січень

ינואר

Лютий

פברואר

Березень

מרץ

Квітень

אפריל

Травень

מאי

Червень

יוני

Липень

יולי

Серпень

אוגוסט

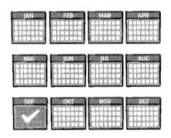

Вересень

....

ספטמבר

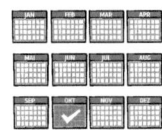

Жовтень

....

אוקטובר

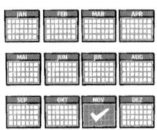

Листопад

....

נובמבר

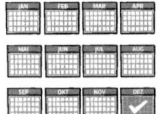

Грудень

....

דצמבר

форми

צורות

круг

....

עיגול

квадрат

....

מרובע

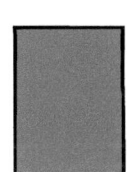

прямокутник

....

מלבן

трикутник

....

משולש

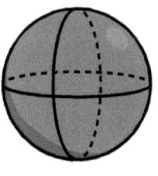

куля

....

כדור

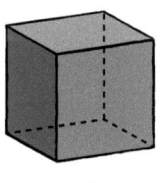

куб

....

קובייה

фарби

צבעים

білий

לבן

жовтий

צהוב

помаранчевий

כתום

рожевий

ורוד

червоний

אדום

фіолетовий

סגול

синій

כחול

зелений

ירוק

коричневий

חום

сірий

אפור

чорний

שחור

багато / мало

הרבה / מעט

лютий / мирний

כועס / רגוע

гарний / бридкий

יפה / מכוער

початок / кінець

התחלה / סוף

великий / малий

גדול / קטן

світлий / темний

בהיר / כהה

брат / сестра

אח / אחות

чистий / брудний

נקי / מלוכלך

завершений /
незавершений
שלם / חלקי

день / ніч

יום /לילה

мертвий / живий

מת / חי

широкий / вузький

רחב / צר

їстівний / неїстівний

אכיל / לא אכיל

злий / дружній

רשע / טוב לב

збуджений / нудьгуючий

מתרגש / משועמם

товстий / тонкий

שמן / רזה

спочатку / востаннє

ראשון / אחרון

друг / ворог

חבר / אויב

повний / порожній

מלא / ריק

жорсткий / м'який

קשה / רך

важкий / легкий

כבד / קל

голод / спрага

רעב / צמא

хворий / здоровий

חולה / בריא

незаконний / законний

בלתי-חוקי / חוקי

розумний / дурний

נבון / טיפש

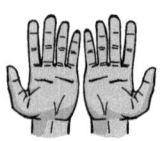

вліво / вправо

שמאל / ימין

поруч / далеко

קרוב / רחוק

новий / використаний

חדש / משומש

нічого / щось

כלום / משהו

старий / молодий

זקן / צעיר

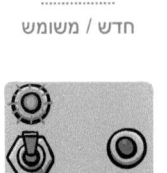

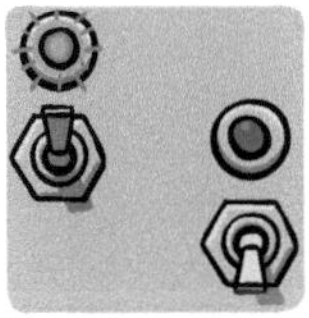

вкл / викл

פעיל / כבוי

відкрито / закрито

פתוח / סגור

тихо / гучно

שקט / רועש

багатий / бідний

עשיר / עני

правильно / неправильно

נכון / שגוי

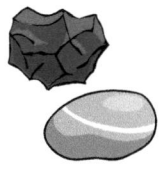

шорсткий / гладкий

מחוספס / חלק

сумний / щасливий

עצוב / שמח

короткий / довгий

קצר / ארוך

повільно / швидко

איטי / מהיר

вологий / сухий

רטוב / יבש

гарячий / холодний

חם / קר

війна / мир

מלחמה / שלום

протилежності - הפכים

87

числа

מספרים

0	нуль	אפס
1	один	אחת
2	два	שתיים
3	три	שלוש
4	чотири	ארבע
5	п'ять	חמש
6	шість	שש
7	сім	שבע
8	вісім	שמונה
9	дев'ять	תשע
10	десять	עשר
11	одинадцять	אחת-עשרה

12

дванадцять

שתים-עשרה

13

тринадцять

שלוש-עשרה

14

чотирнадцять

ארבע-עשרה

15

п'ятнадцять

חמש-עשרה

16

шістнадцять

שש-עשרה

17

сімнадцять

שבע-עשרה

18

вісімнадцять

שמונה-עשרה

19

дев'ятнадцять

תשע-עשרה

20

двадцять

עשרים

100

сто

מאה

1.000

тисяча

אלף

1.000.000

мільйон

מיליון

МОВИ

שפות

англійська

אנגלית

американська англійська

אנגלית אמריקאית

китайська високочиновницька

סינית מנדרינית

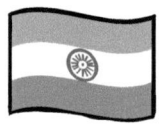

хінді

הודית

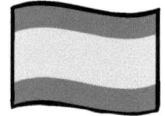

іспанська

ספרדית

французька

צרפתית

арабська

ערבית

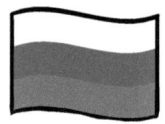

російська

רוסית

португальська

פורטוגזית

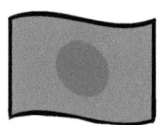

бенгальська

בנגלית

німецька

גרמנית

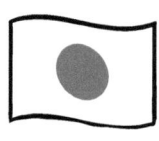

японська

יפנית

хто / що / як

מי / מה / איך

я

אני

ти

אתה / את

він / вона / воно

הוא / היא / זה

ми

אנחנו

ви

אתם

вони

הם

хто?

מי?

що?

מה?

як?

איך?

де?

איפה?

коли?

מתי?

HELLO, I AM

ім'я

שם

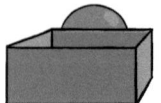

де

איפה

ззаду

מאחור

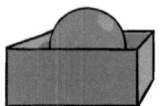

в

בתוך

перед

לפני

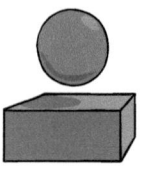

над

מעל

на

על

під

מתחת

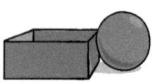

біля

ליד

між

בין

місце

מקום